Genoveva Serra Caselles · Mandeln mit Schokolade

Genoveva Serra Caselles

Mandeln mit Schokolade

Copyright ©2011 by Fouqué Publishers New York
Originally published as *Mandeln mit Schokolade*
by August von Goethe Literaturverlag

All rights reserved,
including the right of reproduction,
in whole or in part,
in any form

First American Edition
Printed on acid-free paper

Library of Congress Cataloging-in-Publication Data
Author (Serra Caselles, Genoveva)
[Mandeln mit Schokolade. German]

ISBN 978-0-578-08035-2

Originaltitel: *Almendras con chocolate*
Copyright © Genoveva Serra Caselles
Deposito legal V. 13.838 – 2000
Alle Rechte vorbehalten
Valencia, Juni 2000

Copyright © Übersetzung, Genoveva Serra Caselles
Deposito legal V. 484 – 2007
Alle Rechte vorbehalten
Valencia, April 2007

Aus dem Spanischen von: Klaus-Dieter Zorn

Umschlagentwurf und Illustrationen: Klaus-Dieter Zorn

Umschlagabbildung: Mandelblüten an der Marmorbrücke über den Kunmingsee im Park des Sommerpalastes in Peking/China

*Ich widme dieses Buch meinen Töchtern
und allen Kindern dieser Welt.
Mögen sie Ihre Zartheit und Hoffnung
niemals aufgeben.*

Inhalt

DER PERLMUTTERNE GARTEN	16
DER BACH BEI DEM WEISSEN BRUNNEN	17
DIE HECKENKIRSCHEN AM LOCH NESS	18
SIE WERDEN AUF DIE MEERE ZU FLIEGEN	19
ALLEIN DEIN ATEM	20
ICH LOBPREISE DIE SAAT	21
DER KOBOLD	22
DER GRAUE VOGEL	25
PALMEN IN DEINEN AUGEN	26
DIE WÖLFE	27
ERNEUT LIEBEN	29
DIE EINSAMKEIT	30
MEILENWEITE ZÄRTLICHKEIT	31
SOMMER OHNE ENDE	32
SPUREN IM SAND	33
GEHEIMNISSE DES MEERES	34
MANDELBLÜTEN	36
DAS LEBEN OHNE DICH	37
MEINE SEELE IM FLUGE	38
DIE HÜTTE DER WERTE	39
TAUSEND JAHRE SCHUTZ	40
ZUSAMMEN GEHEN	42
DER JUNGBRUNNEN	43

FLÜCHTIGKEIT	44
SIE	45
AFRIKA	46
DER HÖLLE ENTKOMMEN	48
DAS LÄCHELN	49
BERGE DURCHDRINGEN	50
DIE KÜSSE	51
WEIT ENTFERNT	52
DIE ERINNERUNG	53
VERLORENE LIEBKOSUNGEN	54
WORTE	56
DIE NACHT	57
DAS MEER	58
DER TREUBRUCH	59
ER WARTET	60
MANDELN MIT SCHOKOLADE	62
DER BLITZ	64
DAS LEBEN IST WEISE	65
DIE BLINDEN	66
TRAUM UND WIRKLICHKEIT	67
DU BIST STARK	68
DER TRAUM	69
DIE ENTSCHEIDUNG	70
DIE KASKADE	72
DIE OASE	73
AUFGESCHLAGENE FÄCHER	74
TAUSEND TRÄNEN	75
DIE ZEIT	76
MEINE SEHNSUCHT IST IN JAPAN	78
VERZEICHNIS DER ABBILDUNGEN	82

Vorwort

Ich kann mich noch genau an den Vorsommer des Jahres 2000 erinnern. An die ständigen Bitten meiner Frau, ihr doch mehr Papier zu geben, an die an Besessenheit grenzende Konzentration auf ihr Werk, die sie taub und stumm werden ließ gegenüber allem, was sich dem Themenkreis ihrer Poesie entzog.

Nach und nach durfte ich dann die verfassten Gedichte lesen und über sie nachdenken. (Die hier vorliegende Fassung entspricht der genauen Reihenfolge ihrer chronologischen Entstehung.)

Mit einer rasanten Geschwindigkeit, die mich an die Entstehungsgeschichte von Dostojewskis „Der Spieler" erinnerte, reihte sich so ein Gedicht an das andere und ließ einen schillernden Regenbogen von sich einander berührenden oder ergänzenden Themen erstehen, die alle um den zentralen Komplex zu pulsieren scheinen, den man vielleicht mit der Auslotung der Tiefen der menschlichen Seele beschreiben könnte.

Die fortschreitende Lektüre führte mir immer deutlicher vor Augen, auf welch abenteuerlicher Reise sich meine Gattin befand, und welche mit der Zeit angesammelten Höhen und Tiefen in ihrer Seele jetzt für sich das Recht in Anspruch nahmen, auf dem Wege einer Landschaftsmalerei mit Worten an die Oberfläche und damit an die Öffentlichkeit zu dringen.

Die zur Illustration der bewegenden Themenbereiche herangezogenen Ausschnitte aus Bildern bekannter Maler wurden aus diesem Grunde in der Regel der Romantik entnommen, da diese Epoche am anschaulichsten Perspektiven der seelische Tiefe in überwältigenden Panoramen wiedergibt.

Die Arbeit der Interpretation des hier Vorliegenden werde ich selbstverständlich denjenigen überlassen, die dazu befähigter sind als ich, lediglich möchte ich anmerken, dass vieles des hier Niedergeschriebenen auf Durchlebtem beruht, da Genoveva mir in unzähligen Gesprächen vor allem vor der Abfassung ihrer Gedichte die Möglichkeit zuteil werden ließ, in besonderem Maße an den von ihr erlebten Jugendjahren bildhaft Anteil zu nehmen, was mir beim Durchlesen natürlich einen gewissen Vorteil vor anderen verschafft.

Die freundliche Unterstützung seitens Herrn Fehsts, (Mitarbeiter der besten Buchhandlung der Welt), der Genoveva und mich in unserem spanischen Zuhause auf die vorzüglichste Weise mit Büchern von Deutschland aus versorgt, ließ in bedankenswerter Weise in uns den Entschluss heranreifen, eine Version des spanischen Originals in deutscher Sprache zu versuchen.

Die im vergangenen Jahr begonnene Arbeit liegt jetzt vor und ich hoffe, sie bereitet dem Leser zumindest die gleiche Freude bei der Lektüre, die ich bei der Übersetzung empfand.

Die Auswahl der zur Übersetzung anstehenden Worte richtete sich nicht in allen Fällen streng nach dem Wörterbuch. Ab und zu entschied der von Genoveva gewollte Sinn ihrer Aussage, selbst dann, wenn Unterschiede im Satzbau hinzunehmen waren.

Diese möglicherweise als Ungenauigkeit aufzufassende Handhabung entschuldigt sich mit der Kenntnis der Ideenwelt der Autorin und einer genaueren Anlehnung an das, was im Original an den Leser des der spanischen Sprache mächtigen übermittelt werden soll. Aus diesem Grunde liegt es zweifelsohne im Bereich des Möglichen, dass kommende Übersetzungen von der vorliegenden abweichen.

Bei dem Versuch, das zarte Gewebe aus der spanischen Sprache möglichst unbeschadet in das Deutsche zu transportieren, war neben einer auf Genauigkeit des Sinnes bedachten Wortauswahl vor allem zu berücksichtigen, dass es sich bei dem Reigen von insgesamt 52 Gedichten nicht um losgelöst zu betrachtende Einzelwerke handelte, sondern um ein aufeinander aufbauendes Ganzes, mit immer wieder durchgängig auftretenden Schlüsselwörtern vor dem Hintergrund einer an der Mittelmeerküste beheimateten Wirklichkeit, sowie ihrer darauf fußenden sonnendurchfluteten Vorstellungswelt, mit in der Folge „spezifischen Belichtungszeiten".

Schon der Titel „Mandeln mit Schokolade" macht deutlich, dass im Leben nicht alles die Reihenfolge und Gewohnheit besitzt, die wir generell zu kennen glauben. Es ist daher durchaus lohnenswert, der Autorin auf ihrer Reise zu folgen, auf dass ein jeder von uns auf das in den Tiefen der eigenen Seele Verborgene sein eigenes Licht werfe, zusammen mit dem Mut, die gezogenen Schlüsse aus einer nicht mehr veränderbaren Vergangenheit anzuwenden, um die Zukunft in eine ideale Gegenwart zu verwandeln.

Klaus Zorn, Januar 2007

*Seine Burg erhob ihre Arme
und der Himmel nahm sie auf wie Geliebte.*

DER PERLMUTTERNE GARTEN

Über dem perlmutternen Garten
verbrachte ich die Nacht.

Die Wolken wandten sich mir zu,
wie wärmendes Laub über der Erde.

Als ich davon ging und den Horizont sah,
vermutete ich das Eichhörnchen,
das mit seinem Schweif
von Pupillen und Staubflocken befreiete,
die rote Stimmung des Tagesanbruchs.

Als ich die Tropfen betrachtete
auf meinen Händen
und Rosenblätter erahnte,
fühlte ich, dass ich dich verlor und kehrte um,
zurück zu dem Land mit Weiden und Ingwer,
dem meine Adern und mein Haar entsprossen,
meine Liebe und mein unsterblicher Wind.

DER BACH BEI DEM WEISSEN BRUNNEN

Am Bach bei dem weißen Brunnen
hegte ich Hoffnungen.

Hoffnungen vereint mit Winden
und nassen Steinen.

Mit Augen getrübt von Öl und Honig,
zeichnete ich Kreise und Segel
auf den Marmorstein.

Am Bach bei dem weißen Brunnen
spricht die Schlingpflanze mit der Nacht
und du, du schweigst unter dem Anis
in Garben mit Minze.

Nimm sie und fliehen wir weit,
dort, wo man das Schiff zuvorkommend behandelt
und der Himmel von Ferne spricht.
Wo man den Wein trinkt und sich sehnen kann.
Wo ich immer sein werde.
Immer mit Feder und Tinte.

DIE HECKENKIRSCHEN AM LOCH NESS

Ich betrachtete 20.000 Heckenkirschen
nahe dem Loch Ness.

Seine Burg erhob ihre Arme
und der Himmel nahm sie auf wie Geliebte.

In der Nähe eines der Fenster vernahm ich
die Brise auf meinem benetzten Antlitz,
und die Pelerine verhüllte mein Haar
und mein Lachen verkündete im ganzen Tal
meine Ankunft.

Später bei einer Umarmung
aus Mandeln und Nüssen,
streiften seine Wangen die meinen,
und als die Vögel aufstoben
fühlte ich, dass er mich besaß,
und so verging lange, lange Zeit.

SIE WERDEN AUF DIE MEERE ZU FLIEGEN

In jenem Baum hat das Nest seinen Platz,
schweigsam und trotzig,
schwarz in der Nacht und zärtlich am Tag.
In ihm die Jungen, in der Ferne die Mutter.

Mit ihrer Zärtlichkeit und ihrer Nahrung
bringt sie das Leben dorthin,
und nach und nach gedeihen sie.

Und es kommt ein Tag,
während die Nächte sich aneinanderreihen
und die Tage anbrechen,
da werden sie auf die Meere zu fliegen
und mit sich führen Girlanden und Perlen,
zusammen mit all dem Schönen und Zärtlichen,
das ihnen ihre Mütter zutrugen,
zusammen mit ihrem Gefieder,
zusammen mit ihren Jungen,
an viele Ufer.

ALLEIN DEIN ATEM

Nicht die Zeit überdauert, allein dein Atem,
auf meinen Schultern und auf meinem Hals
meine Arme erforschend, Wege suchend.

Unter meinem Rock und im Dunkeln deine Hände,
sie suchen mein Leben
und ich verstehe, der Weg führt weiter.

Dass weder Himmel noch Erde schmelzen,
ohne unser beider Liebe.

Dass weder es Raum hat auf den Schiffen
noch Fische auf dem Sand,
dass sich die Räder drehen, weil dich nach mir verlangt
dass sichtbar wird das Karmin, weil du mich liebst.

Dass meine Handgelenke von allein sich rühren
in deinen Haaren und auf deiner Brust.
Allein vor dir knie ich nieder,
erflehe, erweise mich dankbar und lebe.

ICH LOBPREISE DIE SAAT

Erdbeeren werde ich suchen auf deinen Lippen
und deine Finger fühlen, wie sie hier mich durchdringen.

Der Tag kommt bald und kalt,
und selbst so werde ich wissen, dass du in mir bist.

Nur ein Fremder verstünde
meine Liebesbande zu dir.
Nur ein Bettler läse auf,
die Verstrickung meiner Wimpern.

Leben und Glückseligkeit widme ich deinem Dasein.
Dir sei meine Freude und mein Wohl
nicht sehne ich mich nach dem Rest,
denn durch dich habe ich,
was fern ist und was nah,
was glänzend ist und dunkel,
was stöhnt und schweigt.

Mit dir lobpreise ich und hege
den Himmel und die Saat.

DER KOBOLD

Unter dem Gras das Pochen meiner Füße,
die Sonnenblume lacht, wenn ich schweige,
und der Kobold sagt: Geh weiter Prinzessin,
als ich ausruhen wollte.
Wie lang ist der Weg,
wie unendlich der Himmel.

Und doch, wie nah ist die Brise,
dein Antlitz und dein Lächeln.

Wie nahe sie mir sind,
noch vernehme ich dein Verlangen,
und der Wunsch wird zur Brücke
zu Allem,
zur Zeit.

Ich gehe weiter und der Kobold schweigt.

Ich komme an, du siehst nur hin, sinnst nach,
von da an, Schweigen
und dennoch erbebe ich.

*Ich sehe hin zum Kobold und denke,
ist das der richtige Weg?
Ja, sagt er.*

Ich sehe hin zum Kobold und denke,
ist das der richtige Weg?
Ja, sagt er.

Und meine Liebe füllt sich mit Perlmutt und Karton.
Ich schließe sie ein und folge dem Wind,
öffne meine Augen,
aber der Spiegel verbirgt sein Gesicht.
Und nach und nach falle ich in Schlaf,
und der Traum sagt zum Kobold,

ich bin hier, schweige und wache.

DER GRAUE VOGEL

Als ich über die Brücke ging, sah ich einen grauen Vogel,
tags darauf kehrte ich zurück und sah nach.
Der Vogel war nicht da.

Ich kehrte zurück am dritten Tag und er erwartete mich,
das Schicksal war es und mein Wunsch.

Nie wieder ging ich hin,
der Vogel jedoch kam zu mir.
Er suchte mich auf und ich folgte ihm,
zusammen, in die Weite hinein, leben wir.

Er begleitete mich und ich begriff.

Mein Freund? Vielleicht.
Der Beste? Sicherlich.
Der Himmel? Und die Erde.
Das Weiß? Das Wahre.

Folge mir Vogel, und ich werde mit dir gehen.

PALMEN IN DEINEN AUGEN

Da sind Palmen in deinen Augen
und Datteln in deinem Blick.
Du wirst größer, wie die Zeit,
und dein Blick senkt sich nicht.

Du wirst es weit bringen,
denn du fürchtest dich nicht,
du wirst es weit bringen,
denn es entfacht deine Seele,
dein Leben und dein Lachen.

Nur wenige vermögen es dich aufzuhalten,
denn fest und weit ist dein Schritt.
Weder Unwetter noch Sturm
finden Unterschlupf in deinen Erwartungen.

Dein Schicksal ist gewiss.
Deine Hände bezeichnen den Ort,
an deiner Seite nur fehlt dieses Licht,
doch sei unbesorgt,
von jetzt ab verlierst du dich sicher nicht.

DIE WÖLFE

Mit pochendem Herzen,
ihre Lungen beben noch,
ausruhen dürfen sie nicht.

Die Äpfel auf dem Boden in ihrer Nähe,
weiter entfernt Kerzen
und der Schein der Feuerstelle.

Ihre Kleider arg verschwitzt,
und ihre Finger ineinander geschlungen,
im Einklang der Seelen.
Schlafen ist nicht möglich,
die Rückkehr gefürchtet.

Aber das Zuhause wartet,
und es hat Wölfe auf dem Weg.

Nur der Gedanke: Morgen wieder hier,
lässt sie den Mut nicht verlieren,
und dann und wann kommen sie an diesen Ort;
ihr Zuhause? nein, einzig ein Schlupfwinkel,
ein Winkel für den Augenblick.

*Ihre Kleider arg verschwitzt,
und ihre Finger ineinander geschlungen,
im Einklang der Seelen.*

ERNEUT LIEBEN

Früh kommt die Nacht,
mit ihr tausend Girlanden und die Wogen.

Da sitzend und gen Himmel schauend,
tausend Girlanden und die Wogen,
an meinen Füssen die Kälte,
in meinem Herzen voller Ruh'
nur ein Verlangen.

Erneut würde ich ihn lieben,
ohne Furcht, ohne Argwohn,
es gibt kein aber, nicht einmal
einen Vorbehalt.

Es kommen die Wogen,
und weder Kälte noch Hunger verspüre ich.

In mir aber erwacht das Leben
mit Muscheln und Perlen,
und in der Ferne das Rauschen,
und näher, unser Dasein.

DIE EINSAMKEIT

Mit Hüpfern unter der Sonne,
mit Ölbäumen, die meine Hände ergreifen,
nährt sich allmählich so
von Bäumen und Schatten mein Leben.

Wenn es mir gelänge ja zu sagen,
wenn ich das Nein finden könnte.
Wenn das Leben sich mir widersetzte,
und vielleicht durch Zaubertanz.

In Feldern und Wäldern würde ich dann lachen,
in Bergen und Tälern Ausschau halten,
um eine Liebkosung ausfindig zu machen,
um diesen Kuss zu erhalten.

Vielleicht gäbst du ihn mir,
vielleicht erhieltest du alles dafür.

Denn allein will ich nicht sein,
will in der Sonne gehen.
Lebte mit einem Kuss von dir
ewige Zeit und mehr,
bei einem Ölbaum
und in vollkommener Eintracht.

MEILENWEITE ZÄRTLICHKEIT

Viele Meilen Zärtlichkeit,
die ganze Wärme eines Lebens,
es hat keine Worte, oder doch;
noch atme ich schwer, du bist nicht fern,
dauerst fort in mir,
und nie wieder wirst du mich verlassen.

Im Innern des Kaktus hält sich das Wasser,
wende dich dorthin, wenn dich dürstet.
Außen Schmerz,
im Inneren die Stärkung,
und du bist nicht fern.
Lasse mich hier, schweigend und schön.

Der Kaktus beschirme mich,
sein Wasser kräftige mich.
Kräftigung oder nicht, kehre zurück und warte,
und auf vielen Meilen Zärtlichkeit,
die ganze Wärme eines Lebens.

SOMMER OHNE ENDE

Wie viele Sommer waren es.
In ihrem Geleit und im Stillen,
viele Tränen.
Ob die Zeit im Fluge verging, ich weiß es nicht.

Doch war es während einer Nacht, als ich verstand,
Sommer und Tränen sind kein Verband.
Als ich erkannte, dass alle Liebe
in einem Hauch und wie im Zauber mich berührte.

Jetzt sind die Sommer
farbenfroh lebendig.
Heiß bisweilen, von ruhiger Seligkeit
friedvoll und immer vereint.

Wie weise ist die Natur.
Wusste sie, wann er käme?
Wusste sie, dass er bliebe?
Was soll's.

Ein Sommer schlussendlich
ist bisweilen unendlich.

SPUREN IM SAND

Mehr als alles andere im Leben, sagte ich zu ihm,
und seine Spuren blieben für immer
im Sand.

Ich kam zurück nach vielen Jahren,
noch immer waren sie da.
Niemand glaubte mir.
Niemand kennt die Zeit fürwahr,
ihre Spuren sind bekannt,
doch werden sie aus dem Sinn verbannt.

Ich hingegen glaubte und erschaute,
nicht nur im Sand verblieben sie,
weit mehr in meinem Herzen,
in meinem Haar und auch in meinem Blick.

Wann immer ich den Sand betrachte,
hoch droben die Möwe über dem Meer,
erscheinen und verschwinden sie zu meinen Häupten,
dem Kommen und Gehen der Wellen gleich,
wenn auch die, die gehen, nicht verweilen
und die, die kommen, bleiben.

GEHEIMNISSE DES MEERES

Ich nahm ihn aus dem Wasser und wir sahen uns an.
In seinen Augen spiegelte sich die gesamte Geschichte
von Ozeanen und Meeren.

Er blinzelte, ich tat ihm nach,
ich stutzte, so wie er.
Für ein paar Sekunden waren wir eins,
dann setzte ich ihn wieder aus,
sah, wie er sich entfernte, zögerte.

Ich seufzte, die Dauer unseres Blicks
wollte nicht vergehen, etwas in mir schwankte.

Schließe ich die Augen, sehe ich immerzu die seinen.
Sieht er die meinen?
Wollte er mir etwas sagen? Vielleicht.

Ich hege keinen Zweifel an der Stille des Meeres,
an den Geheimnissen des Schweigens,
an den Kontakten ohne Worte, ohne Verwunderung,
aus Zufall.

so gelangst du in den Himmel und schaust Gott auf einem Blumenteppich von rosenfarbenen Mandelblüten.

MANDELBLÜTEN

Siehst du zwischen die Mandelbäume,
so erkennst du in ihnen die Schleier,
stehen sie aber in Blüte,
so findest du die Engel dort.

Es berühren ihre Flügel
die Blüten, rosenfarbene und weiße.
Nach und nach verwandelt sich der Boden
in einen Teppich.
Sie spielen auf ihm,
und mit den Blüten bewerfen sie sich.

Siehst du mal hinab von einer Erhebung,
so gewahrst du diesen Mantel und der Engel Treiben
mit den Blüten
der Mandelbäume.

Nähere dich ihnen geräuschlos
und achte auf ihr Lächeln, mache es dir zu eigen
und verliere es nie,
denn so gelangst du in den Himmel und schaust Gott
auf einem Blumenteppich
von rosenfarbenen Mandelblüten.

DAS LEBEN OHNE DICH

Wenn es nichts gibt, das alles ist,
warum fühle ich dann, wie ich ohne dich
die Welt gewonnen habe,
und das Leben zurückkehrt in mich.

Es ist nicht wahr,
was die Menschen sagen.
Im Wald lernst du,
dass alle Bäume eins sind.
Anders draußen, um so besser,
ich wäre nicht gern ein Teil von dir.

Des Antlitz' Böse wird erkannt
an seinem Widerschein, bezweifle es nicht.

In ihm zeigt sich Verachtung
und ein Hauch von Tier,
und dennoch küssen wir's
und lieben es. Sind wir denn alle eins?
Wer weiß.
Die Nacht behütet das Geheimnis.

MEINE SEELE IM FLUGE

An die Lautlosigkeit dieser Schritte glaube ich,
an nasse Füße,
an den Regen, der auf sie fällt,
an die Ruhe, die Zärtlichkeit,
und langsam glaube ich an mich.

Ich denke nicht, wenn ich fühle,
mich beherrscht das Ewige und das Flüchtige.
Meine Seele erhebt sich zum Fluge,
später rufe ich sie zurück.
Mal kommt sie, und mal nicht.

Kehrt sie zurück, spricht sie zu mir,
und ich allhier versuche zu verstehen.
Ihr vertrauend befriedige ich meine Wissbegier.

An meinen nassen Füßen nehme ich wahr
das Ferne, auch das Göttliche,
nehme zu an Geist und Seele,
weiß, dass alles in mir ist.
So auch in dir?
Komm und ergründe es.

DIE HÜTTE DER WERTE

Wenn jetzt die Zeit zum Stillstand käme,
was würde ich mir aufbewahren?
Ich stellte die Frage meinem Pferd,
auch meinen Hunden, und sie wussten es.
In meinen Kinderjahren wollte ich alles aufbewahren.
Und heute? Gleichwohl,
denn die Kinderjahre sind in mir verblieben,
mein Wesen und was sie mir nicht haben nehmen können.

Wenn jetzt die Zeit zum Stillstand käme,
ich würde alles aufbewahren.
Ich machte eine kleine Hütte
und legte hinein den Frieden, die Freude,
die Zärtlichkeit, die Liebe, den Wind, den Regen,
die bloßen Füße.
Und eine andere Zeit, die noch nicht gekommene vielleicht,
die noch nicht erlebte,
und ohne Frage, dich.

TAUSEND JAHRE SCHUTZ

Tausend Jahre ist er alt. Atmet tief und beobachtet.
In seiner Nähe schadet dir die Sonne nicht,
und sein Schatten ist gewaltig.
Ich habe kein Gefühl von Furcht,
wenn ich an seiner Seite bin.
Unter seinem warmherzigen Blick
stöhnte der Kobold und das Eichhörnchen floh.

Wenige Male fühlte ich mich so verwöhnt,
ohne die Fragen, Ratschläge oder Urteile.

Die Liebkosung fühlen, alles fühlen,
einen Schrei ausstoßen und darauf warten,
dass das Echo widerhallt.

Deine Stimme wird warm und fern,
und er lächelt laut und stark.
Er beschirmt dich und wenn der Regen fällt,
fühlst du aufs Neue die tausend Jahre hinter dir,
und die Zeit hält deinen Rücken,
und dann fühlst du es,
fühlst, dass du ihn liebst.

Nichts bedeutet uns die Zeit,
weder die gute noch die schlechte, wir sind eins.

ZUSAMMEN GEHEN

Mit ihm zum Schutze fühlt man sich gut,
er spricht nicht.
Man wird von ihm beleckt und angesehen.
Ich liebe ihn.

Wir wandern in den Wäldern,
überqueren Berge.
Wir wärmen uns an Feuern,
und in dem Wasser der Meere.
Nichts bedeutet uns die Zeit,
weder die gute noch die schlechte,
wir sind eins.

Jeder gibt sein Bestes,
und aus beiden quillt die Freude.
Wir laufen, und Füße und Pfoten
vereinen sich im Spiel.

Ich liebe ihn,
denn er ist mein Hund.

DER JUNGBRUNNEN

Unter dem Laubwerk der Zweige,
die einen trocken und die anderen nicht,
erschien der Kobold,
las Früchte auf vom Boden,
und aß ohne Unterlass.

Der Tag brach über dem Wald herein,
Heiß würde es werden, und er wusste es.
Beim Bach stillte er enormen Durst.
Dann nach und nach, die kleinen Arme ausgestreckt,
sah er zum Himmel, dankbar für das Leben,
und sein Lächeln galt der Zeit.

Sie dankte ihm und machte ihn zum Freund,
wusste seine Geste zu schätzen,
gab ihm Leben und Jugend zum Geschenk.
Der Kobold hüpfte und lachte und lachte.

Bei Anbruch der Nacht erzählte er
Uhu und Ameise seine Abenteuer mit der Zeit,
und dass diese für ein Lächeln Jugend schenke.
Lächle also und lebe.

FLÜCHTIGKEIT

Dicht vor mir hatte ich ihn,
als ich ihn verlor.
Er verliert sich im Raum, dort zieht er,
er ist weiß und weich.

Wie eine Feder entfernt er sich,
alles an ihm ist gewaltig,
aber er fürchtet, dass man ihn fängt,
fürchtet, dass man ihn stellt,
und ich verstehe ihn.

Dicht vor mir sah ich seine Augen,
roch seinen Körper.
Energisch und mit einem Satz entfernte er sich,
jetzt versuchen sie an anderer Stätte
ihn zu ereilen.

Einfältige. Nie werden sie ihn erwischen.
Weder der Wind noch das Meer
können ihn einholen.
Nur ein Engel wird verweilen,
durch die Jahrhunderte an seiner Seite.

SIE

Stille und Ruhe. Sie geht durch die Straßen
und ihr langes Haar glänzt,
bewegt sich schon beim leisesten Hauch.

Sie ist heiter, wenn du sie ansiehst,
und traurig, wenn du sie übersiehst.
Sie hat die Seele eines Engels,
und die Füße einer Gazelle.
Sie atmet tief und langsam,
beinahe schwer.

Ihre Stimme ist dunkel und süß,
überwindet die Distanz,
verbannt Stolz und Habsucht.
Sie entdeckt in jedem Winkel des Lebens
einen Zauber, eine Geschichte.

Sie zu kennen heißt, sie zu fühlen und zu lieben.
Geh ihr nicht nach, sie hält nicht inne wegen dir,
sie geht allein des Weges, in Stille und in Ruhe.

AFRIKA

Es gibt Augenblicke,
da halte ich den Atem an.
Sehe ich den Morgen grauen und den Abend dämmern,
dann fühle ich, ich muss mich ruhig verhalten,
um nicht eine Sekunde lang zu unterbrechen,
was ich doch so sehr schätze.

Durch das Grün hindurch fühle ich,
wie die Ameisen meinen Weg kreuzen
und über meine bloßen Beine huschen.

Welche Lieblichkeit und welchen Zauber
besitzen ihre Beinchen
unter der Morgensonne,
und bei Dämmerung die Rückkehr in den Unterschlupf,
wie klein sie sind,
wie schwarz.
Meine Gedanken wanderten nach Afrika.
Eines Tages vielleicht werde ich dich sehen
und über deine Beine huschen,
wie es die Ameisen taten mit mir.
Schweigsam, und erregt.

*Möglicherweise werde ich einmal begreifen,
welchen Schmerz ich da erlitt.*

DER HÖLLE ENTKOMMEN

Ob ich Angst hatte, erinnere ich mich nicht.
Unter meiner Haut, ständig Adrenalin,
doch ohne Zweifel habe ich das Trauma überlebt.
Auch erinnere ich mich keines Gefühls,
wie diesem.

Möglicherweise werde ich einmal begreifen,
welchen Schmerz ich da erlitt.
Möglicherweise und ohne zu zaudern
erklärt mir einmal irgendwer das Warum.

Für heute kann ich's nur erahnen,
und mache mir's nicht weiter schwer;
versuche ohne Unterlass zu folgen,
den Spuren dieses Einen,
der durch all dies schon gegangen.

Packt mich erneut das Schaudern,
werde ich bedenken,
dass doch alles ewig ist und überdauert,
in der Zeit, über alles Leben,
über den Winter
und über jede Hölle hinaus.

DAS LÄCHELN

An einem Tag im Monat Februar
sah ich ihn geduckt in einem Portal.
Leicht geschürzt, abwesend der Blick,
an sein Schwert geklammert,
aus der Vergangenheit?
Er sah mich an, als er sich erhob.
Wir lächelten uns zu.

Er ruhte aus,
oder war eine Seele der Vergangenheit,
im Gewand der Gegenwart
und auf die Zukunft hoffend.
Ich konnte ihm nur mein Lächeln schenken,
er nahm es an.

Mir durchbohrte ein Flüstern im Wind
mein Herz , als wär's sein Schwert,
der Augenblick nahm mich gefangen
und seine Liebe fesselte mich.

Darauf verschwand er;
in der Zeit?
Vielleicht.

BERGE DURCHDRINGEN

Mehr als fliegen,
ist durchdringen, was ich will.
Wenn jemand sagte, wähle aus,
was täte ich?

Über die Berge kann man hinüberfliegen,
sie durchdringen wollen wäre schwierig.
Aber nicht unmöglich,
ginge dieser Wunsch in Erfüllung.
Wäre nicht so schwierig,
wie dich erneut zu lieben.

Unter diesem unermesslichen blauen Himmel
zählen wir Geschöpfe nach Millionen,
aber nicht eine Sekunde, nicht einen Augenblick
könnte ich in die Zeit zurück,
noch mir mein Leben an seiner Seite vorstellen.
Allein beim Angedenken erschauert's mich.
Wie dann erst beim Empfinden?

Ich werde die Berge überfliegen,
auch werde ich sie durchdringen.
Ganz sicher bin ich mir jetzt.

DIE KÜSSE

Suche ihn und folge mir,
er führt dich hin zu mir.
Kennst du mich nicht, ersinne mich,
leichtfüßig wie der Mond bewege ich mich.

Ich transportiere Narrheiten,
und lasse sie am Wege stehen,
andere nehmen sie auf, ärmliche Bettler.
Ich löse mein Haar,
und irgendwer im Himmel sagt,
nimm diesen Kuss.

Ich fange ihn auf, er fällt genau auf mich zu,
ich will weitere, und irgendwer sagt,
nimm sie.
Es sind so viele.
Folge ihnen. Folge den Küssen
und folge mir Du.

Welche Überraschung, ein Weg aus Küssen,
ein Weg in den Himmel.

WEIT ENTFERNT

Ginge ich verloren und fändest du mich nicht,
wolltest du wissen, wo ich wäre?
Ja ? Nein ?

Auf dem Weg ins Tal,
dort wo die Berge eins werden,
und die Vögel hervorquellen
aus unsicheren Quellen, wirst du mich antreffen.
Ich sähe nicht aus wie nach deiner Wahl,
aus einer Kletterpflanze spross ich drein,
sie wandte sich an die Nacht,
und in einem Seufzer hüllte sie mich ein.
Ich ziehe es vor hier bei ihr zu sein.
Einwände.

Zurückkehren, interessiert mich nicht.
Der Mohn verliert seine Blätter,
fürchte dich nicht, ich bin Schmetterling,
meine verliere ich nicht.
Es gefiele dir an diesem Ort,
doch komme nicht, es wäre dein Untergang.

DIE ERINNERUNG

Angenehm war sein Tritt
und sanft seine Worte.
In meinem Geist verzeichnete ich
jede seiner Bewegungen.
Immer noch lebendig sind all seine Gesten
tief drinnen in meinem Innersten.

Vergangen sind die Jahre,
weit mehr als ich vielleicht weiß.
Und doch, die Blumen zwischen meinen Füssen,
und die Dornen in meinem Herzen
verkünden mir, es gibt kein Vergessen.

Einzig ein Flüstern schuf mir fort
alle Luft, jeden Hauch.
Nur ich kenne die Trauer des Baumes,
an dessen Seite man einen anderen entreißt.

Trotz allem doch verbleibe ich noch
und höre seinen angenehmen Tritt auch heute,
unwichtig ist das Gestern,
denn von weit her hörte ich
seine sanften Worte.

VERLORENE LIEBKOSUNGEN

Ich überquerte die Türschwelle und empfand Frieden.
Vor mir, zu meinen Füssen, die ganze Welt,
zurückgeblieben die Hölle und die Furcht.
Ich ging zu auf die Zeit und fand Blumen,
tausende an der Zahl, und nicht ein Gedanke
trug mich zurück in das Durchlebte.

Wenn doch nur jemand da wäre. Sich mir näherte.
Aber der Weg war lang
und die Einsamkeit total.
Doch immer war da die Hoffnung, nie sah ich zurück.
Nach und nach wuchs ich heran
und alle Winkel meiner Haut
verlangten nach Liebkosung.
Antwort erhielt ich keine, und einzig der Wind
strich über mein Haar und meinen Rücken.

Dann erkannte ich die Stimme,
zu gehen versuchte ich an seiner Seite,
und seit jener Zeit sind's seine Hände,
die, auf mir, all das geben, was ich verlor,
oder auch niemals hatte,
auch wenn ich so viel gab.

*Geh du allein voran, an deiner Seite werde ich nicht sein,
denn spröde sind deine Worte*

WORTE

Deiner Worte sind's genug,
ich will sie nicht mehr hören.
Die Worte kommen von dir.
Die Sachverhalte erbeben in mir,
ich glaube, mich geht die Zukunft nichts mehr an.
Gibt es sie?
Mich interessiert das Heute
und all' die Zärtlichkeit in ihm.

Deiner Worte sind's genug,
was ich habe, macht mich sehend.
Mich interessiert das Heute,
Überraschungen ertrage ich nicht.
Verprechungen sind's, die du mir machst,
das Morgen gibt es nicht.
Vergiss das Heute, forderst du von mir.
Niemals; heute lebt mein Leben, morgen kommt danach.

Geh du allein voran, an deiner Seite werde ich nicht sein,
denn spröde sind deine Worte,
und unter meiner Haut ein Quell
überflutet die Täler mit Leben,
Wissen und Zärtlichkeit,
schier unerschöpflich.

DIE NACHT

Die Nacht kommt an mich her,
nähert sich schon mit zaghaftem Schritt.
Ihr Angesicht erschreckt mich nicht mehr, und:
Du wirst nicht verloren gehen, verkündet sie mir.
Während so vieler Jahre, da die Nacht sich zeigte,
der Erde Beben unter meinen Füssen,
wurde mir bewusst bei Schritt und Tritt.

Groß ist die Zahl durch die Jahrhunderte,
all derer, die immer sich von ihr entfernten,
und nach und nach beim Fliehen sich verloren.
Sie jedoch ist heute meine Freundin,
verbirgt meine Leiden,
und verkündigt nicht mein Missgeschick.
Und jene, auf sich selbst gestellt,
suchen nach anderen Orten an anderen Wegen.

Hier bin ich, komm, Nacht, auf mich zu,
lass uns gemeinsam durchqueren die Auen und die Meere.
Wir sind Freundinnen für alle Zeit
und Ewigkeit.

DAS MEER

Ich betrachte den Himmel, siehst du es nicht?
Dort, in der Ferne ist das Meer.
Tiefes Blau, hütet Geheimnisse. Sehen wir nach?
Ich kann dir alles zeigen,
was aus dem Meer zum Vorschein kommt,
doch der Versuch, es zu besitzen, wird misslingen.
Mit deiner Furcht wärst du allein,
ertrügest Qual und Leid.

Kein Ort, kein Raum,
weder die Zeit noch das Leben
werden erscheinen, wenn du versuchst
dem Meer zu gebieten.

Ist unumschränkter Herrscher, lernte zu sprechen
vor Millionen von Jahren.
Komm. Hörst du? Lausche seinem Flüstern,
und hör' in ihm all' die,
die den Wunsch hatten mit ihm zu sprechen.
Am Meer hört man alles, sinne nicht nach.

DER TREUBRUCH

Er fragte es mich tausend Mal,
und ich fand die Antwort nicht.
Hatte Furcht vor Beantwortung
und Furcht vor mir.
Doch es war Liebe und so blinzelte ich.

Vielleicht war es das, was mich verriet,
als ich an einen anderen Ort verschied,
noch heute fühle ich das Leid,
doch beherrsche ich meinen Verstand,
falls er es war, der mich verriet.

Süß ist der Treubruch,
wenn ihn deine Denkart nicht verklagt.
Doch es war Liebe und so blinzelte ich.
Die Zeit verfloss in einem Augenblick,
doch geht er jetzt vor mir vorbei,
kommt jenes Blinzeln in mir auf.
Das Leben nimmt mich mit sich fort,
längst schon verraten meine Augen mich nicht mehr,
doch alles Leben flieht vor mir in Furcht.
Ich liebe ihn noch. Er fragte es mich tausend Mal.

ER WARTET

Er verstand, des Nachmittags zu warten und genoss,
während nach und nach der Tag verfloss.
In aller Ferne und weit ab vom Garten,
dort lebte er, nicht wissend um mein Warten.

Ziel und Beginn folgten einander fort,
mehr als einmal verblüffte ich die einen,
mit leiser Stimme rief ich die andern.
Im Angesicht, die Antwort.

So vergingen Tage und Jahre,
so verging mein Leben,
und im Schlaf Träume der Angst und Hoffnung.

Noch ist es nicht zu spät.
Doch wird er hoffen eine Ewigkeit,
auf ein Wort von mir.
Die Blätter fallen in dem Garten,
und der Boden wird zur Bettstatt, zart und fern.
Ich werde schlafen diese Nacht,
doch Morgen will ich wieder wachen. Ohne Zweifel.
Bestehen in Trauer, aber bestehen.

*Ich suche Mandeln mit Schokolade
ihr Geschmack langt bis an mein Innerstes,
jetzt legt sich der Wind*

MANDELN MIT SCHOKOLADE

Mandeln mit Schokolade.
Düfte von Honig und Rosen.
Verschwiegene Ängste.
Das Leben ruft und ich folge ihm.
Jetzt legt sich der Wind.

Er nahm mit sich fort die Dramen und den Regen,
mir ist einerlei was geschah.
Der Hunger kehrte zurück,
in meinem Sein findet Herberge das Brot und der Tee.
Ich empfinde die Bewegung eines Körpers,
der sich anschickt zu gehen.
Schritt auf Schritt.

Ich suche Mandeln mit Schokolade,
ihr Geschmack langt bis an mein Innerstes,
jetzt legt sich der Wind.

Ich schenkte Düfte von Honig und Rosen,
der Wind nimmt sie mit sich fort.
Wohin wird er sie tragen?
Eines Tages, so weiß ich,
erhalte ich sie erneut zurück.

*zusammen gingen wir
und die Grenze zum Schicksal tat sich auf.*

DER BLITZ

Auf seinem Antlitz spiegelte sich der Blitz,
erhellte die Täler.
Und auf meinem Gesicht erschien der Regen;
zusammen gingen wir,
und die Grenze zum Schicksal tat sich auf.

Alles vor mir fand eine Antwort,
in seinen Händen, an seiner Brust.
Das Unsterbliche wurde offenbar.
Keine Zweifel, keine Fragen.
Allein, verdeckt waren die Nester,
und überschwemmt die Täler.
So viele Jahre des Wartens,
und jetzt...

Meinen Enkeln werde ich erzählen
von dem Regen und dem Blitz.
Vom Schicksal, aber nicht von den Wegen,
sie selbst werden sie gehen.
Schnecken und Fenchel werden sie suchen.
Und nur Frieden und Regen werden Erleichterung geben.

DAS LEBEN IST WEISE

Vor mir stand mein Leben,
und mit ihm sprach ich
über das Gestern und das Morgen.

Die Traube hing an den Reben
so wie alles das an mir,
was ich verachtete.
Ich versuchte es abzureißen mit Gewalt,
doch es schmerzte,
und so wandte ich mich an das Leben.

Hilf mir zu entfernen alles das,
was mir Schaden zufügt.
Es sagte: Tu's mit Sanftmut, hinterlasse keine Wunden.

So tat ich es, geliebtes Leben,
geliebte Freundin.
Ohne Schmerz, ohne Wunde.
Das Leben ist weise.

DIE BLINDEN

Die Flüsse frage nicht,
auf ihnen verkehren die Nachen,
in ihren Wassern hausen die Feen.

Er glaubte es nicht, so gingen wir hin.
In einer Nacht, verborgen durch Zweige,
in ihren Wassern beobachteten wir sie.
Am folgenden Morgen belächelte man mich.
Des Nachts kehrte ich allein dorthin zurück.

Ich kam näher und verstand, dass er es wusste,
ich sah sie in der Nacht und begriff,
dass nicht ein jeder sieht,
was in den Flüssen geschieht.

Die Blinden sehen weder Fluss noch Meer.
Doch an der Seele sind viele Menschen blind.
Arme Menschen.
Arm die Flüsse, arm das Meer,
wenn sie versuchen, über sie zu setzen,
diese Menschen ohne Bestimmung, ohne Zuhause.

TRAUM UND WIRKLICHKEIT

Ihre von Sahne verschmierten Finger bewegte sie
und tränkte die Servietten mit Kaffee,
vergoss Tropfen, und in ihrem Blick lag Überdruss.

Ich sprach nicht, resignierte,
betrachten ist besser als hinzusehen.
Ich lächelte, sie ebenso,
an Aufmerksamkeit auf sich lenken lag es ihr.

Ich kann es verstehen, vorbei sind die Zeiten
deiner Aufschreie und Träume.
Ich bin ja da, bin wirklich da.
An deiner Seite bleiben will ich immerdar.
Von neuem fiel die Sahne,
doch vorbei war's mit der Furcht.

Wir erinnerten uns dann Jahre später
an Servietten mit Kaffee,
und es waren Tränen, die flossen,
und von ihren Wangen sprossen
eine Million Keime, alle schlicht und reine.

DU BIST STARK

Durch einen Spalt im Zaun
sah ich sein kleines schwarzes, doch blasses Antlitz.
Sein langer Schweif und seine feinen Hörner
beschleunigten meines Herzens Schläge.

Er war groß und doch auch klein,
starr sahen mich seine schwarzen Augen an,
und er kam dicht an mich heran.
Jeder Bewegung bar bot ich ihm meine Hand,
und er beleckte sie.
Stark war sein Geruch,
gewaltig seine Wärme.

Er frug mich, was lebt hinter diesem Zaun.
Ich sah hin, dachte nach und verstand,
dass ich keine Antwort fand.
Es gibt der Kreaturen viele.
Gute und schlechte, sanfte und trotzige,
aber nicht eine von ihnen beleckt oder erwärmt
ihrer Stätte Glut.
Du aber hast die Glut der Sonne, ohne Feuer, ohne das Böse.
Du bist stark und zärtlich, bist mehr als nur ein Tier.

DER TRAUM

Wespen und Bienen,
das Grün reicht weit über euch hinaus.
Von den Menschen geschnitten rückt es voran,
bis an das Feld mit Sanftheit und in Harmonie.

Hier oben im Himmel gewahre ich dein Lächeln,
und für dich steige ich hinab
zu den Wespen und Bienen.
Ich überfliege die Felder,
und den Geruch von geschnittenem Grün,
nehme dich auf mit Sanftheit und in Harmonie,
in meinen Armen empfange Liebe und Honig.

Von meinem Leben wirst du dich nähren,
und wirst aufbewahren in einem Krug,
Weisheit und Freude.
Nie wieder wirst du von mir gehen,
zusammen werden wir die Sterne sehen.
An meiner Seite, mir ganz nah,
und es wird kommen der Tag
an dem ich dich erwecken mag.

DIE ENTSCHEIDUNG

Die Ratte forderte mich zu passieren auf,
doch ich vertraute ihr nicht.
Jener Ort war gefürchtet,
so glaube ich, erinnerte ich mich.
Die Ratte fuhr zu warten fort,
und so zeichneten unsere Blicke
dieses Morgens Unbekannte.
Ohne Unterlass verlachte sie mich.
War das Passieren möglich oder nicht?

Tat ich es, Beine und Füße
würden geopfert dem Biss. Sie wartete in Ruhe,
ohne mich zu regen sah ich sie an, und doch,
ich gehe vorüber und riskiere Bisse.
Ein wenig beleidigt wendet sie ihren Kopf
mir zu.

Nicht wahr? Ich vertraute ihr, oder mir?
Ich fange zu laufen an und rufe,
der Wahrheit zur Ehre, so sagte ich,
du halfst mir, ohne zu wissen, vorbei.
Sie lächelt, ist hübsch und beginnt
einen Weg, der, wer weiß welchen, Verlauf einnimmt.

*Dank dir Kaskade, du gabst mir zurück
die Schönheit, die ich noch nicht verlor,
und verliehst mir erneut mein Leben.*

DIE KASKADE

Zitternd ging ich den Weg
zu dem Haus auf dem Hügel,
und in die Kaskade, überrascht,
strauchelte ich und fiel.
In ihren Wassern spiegelte ich
ein Haar und einen Blick,
der nicht der meine war.
Ich war hübsch und wusste es nicht.

Ich hatte geglaubt, was man mir sagte
während all den Jahren, und lächelte nicht einmal.
Von da ab jedoch erhob ich
meine Arme am Morgen,
und deckte mich zu in der Nacht,
ich pries meine Knie und mein Lächeln.

Ich erschien an tausend Orten und besuchte,
überrascht und voller Zagen, alle jene Stätten.
Wie viel Zeit ohne zu sehen,
Wie viel Zeit ohne zu verstehen.

Dank dir Kaskade, du gabst mir zurück
die Schönheit, die ich noch nicht verlor,
und verliehst mir erneut mein Leben.

DIE OASE

Sorglos war mein Schlaf.
In der Nacht dachte ich wieder an Palmen,
den Sand und stille, herrliche Luftspiegelungen.

Mit der Zeit kam die Wüste näher
und es sengten unter meinen Füssen die Dünen,
glühend durch der Sonne Werk.

Wasser und Schatten spendete mir die Oase
und mit seiner schwarzen Tunika beschirmte Er mich.

Sorglos war mein Schlaf, litt weder Hitze noch Furcht.
Ich wollte nicht wieder zurück, mein Leben war dort
im Halbschlaf Er an meiner Seite,
groß war er und schlank.
Dunkel seine Haut und seine Augen schwarz,
bis in Ewigkeit.

Weder Zeit noch Einsamkeit,
keine Wunder, keine Güte
nur Liebkosungen und Träume
vom Jenseits.

AUFGESCHLAGENE FÄCHER

Blumen und Lachen, Lider und Tränen,
Aufwartungen mit erworbenen Blumen,
Geschenke in Porzellan,
und gewachste Nüsse.

Aufgeschlagene Fächer und verstreutes Obst,
mehr als die Zeit mag ich das Zarte,
mehr als das Zarte mag ich das Sanfte.

Die Haut streifen mit den niedlichen Sachen,
sie durch die Zeit bewegen,
der selben, die den Körper durchläuft.
Hoffnungen und Wasser beherbergen,
das Versteckte entdecken,
und mein Haupt mit Blütenblättern besprenkeln.
Die Unendlichkeit streicheln,
und immer nur das Hübsche suchen.

Durchqueren werde ich die Zeit,
und meine Heldentat dem Wind verkünden.
Vergiss nicht, du wirst alles finden
in der Naturschönheit.

TAUSEND TRÄNEN

Auf dem Papier tausend Lösungen,
in meinen Augen Tränen,
ebenfalls tausend.

Das Lebewohl naht und doch
fühle ich es in weiter Ferne, wie die Wogen.
Lebewohl und Hallo sind sich so nah.

Nein, komm' nicht, Lebewohl,
nähere dich, Woge, und begrüße mich.
Für mich gibt es keine Umkehr und keine Lebewohle mehr,
weder frühe noch späte.

Die Flammen verzehren die Stämme,
doch im Inneren meines feuchten Seins
wird nichts mehr aufgezehrt.

Draußen flüstert der Wind,
ich schreibe, doch in meinen Augen
die Tränen versiegten.
Nur sie, schön und zart,
und auch sanft, wie die Wogen.

DIE ZEIT

Keine Zeit. Heute nicht, sagen sie.
Die Zeit, sie behandeln sie ohne Bedenken,
doch eines Tages, von ihr verlassen, das Wehklagen.

Die Zeit wird nicht von dir beherrscht,
es sei denn, du seiest ihr Freund.
Ohne ihre Erlaubnis
gelangst du nirgendwo hin,
verbleibst regungslos still.

Durch das Glas vermeinst du zu sehen.
Verbünde dich mit der Zeit.
Sag' deine Richtung und auf die Wand,
zeichne deine Albträume,
danach sieh' sie in anderem Licht,
und mit der Zeit entdecke tiefe Liebe.

Und sie wird mit dir durch das Leben gehen.
An deiner Seite das verlorene Vermögen sein,
auch das unter rauchigen Lampen gelebte,
das durchdringt der Bäume Äste,
der Zeit Blick.

*Barfuss, voller Reis
und in seinen Augen die Bitte an den Wind
ihm ein Lied zuzutragen*

MEINE SEHNSUCHT IST IN JAPAN

Mit Gesang fange ich den Wind.
Über mir Geranien und Mandelblüten.
Mit ihrem Geruch tragen sie mich in die Ferne,
nach Japan.

Eine Seele wie die meine
ist dort gefangen.
Im Spiele mit dem Wind hunderte von Noten
wandern dorthin.

Sie überqueren Berge und Täler,
ankommen ist nicht schwierig, sie werden sich begegnen.
In der Nähe des Orts fängt das Herz zu beben an
und unter all' ihnen ist dort meine Sehnsucht.

Barfuss, voller Reis
und in seinen Augen die Bitte an den Wind,
ihm ein Lied zuzutragen.

Wir gehen im Gleichschritt, die Ewigkeit erwartet uns.
Reissträußchen und Mandelblüten,
sprießet und bleibt so für immer in mir.

Wo man den Wein trinkt und wo man sich sehnen kann.
Wo ich immer sein werde.
Immer mit Feder und Tinte.

VERZEICHNIS DER ABBILDUNGEN

1. Albrecht Altdorfer,
   Donaulandschaft mit Schloss Wörth
   1520 p., Alte Pinakothek, München..................15
   Quelle:
   La Pinacoteca Antigua De Munich
   Reinhold Baumstark
   Scala Publishers London, Beck München, 2002, (S. 40)

2. Richard Dadd,
   Das Meisterstück des Holzhauers der Feen
   1855-1864, Tate Gallery, London..................23
   Quelle:
   11 Romanticismo
   Ilaria Ciseri
   Electa, Barcelona, 2004, (S. 245)

3. Francesco Hayez,
   Der letzte Kuss Romeos für Julietta
   1823, Villa Carlotta, Tremezzo (Como)..................28
   Quelle:
   II Romanticismo
   Ilaria Ciseri
   Electa, Barcelona, 2004, (S. 335)

4. Marmorbrücke über den Kunming See
    Sommerpalast, Peking, China..................................35
    Quelle:
    China 2006
    picture alliance/dpanin Ge
    DuMont-Horizonte, Köln, 2005, (S. 3)

5. Johan Christian Clausen Dahl,
    Der Morgen nach einer Gewitternacht
    1819, Neue Pinakothek, München........................41
    Quelle:
    Il Romanticismo
    Ilaria Ciseri
    Electa, Barcelona, 2004, (S. 281)

6. Léon Cogniet,
    Das Gemetzel der unschuldigen Heiligen
    1824, Musée des Beaux-Arts, Rennes.....................47
    Quelle:
    Il Romanticismo
    Ilaria Ciseri
    Electa, Barcelona, 2004, (S. 181)

7. Francis Danby,
    Enttäuschung einer Liebe
    1825, Victoria and Albert Museum, London...........55
    Quelle:
    Il Romanticismo
    Ilaria Ciseri
    Electa, Barcelona, 2004, (S. 237)

8. Georg Friedrich Kersting,
    Vor dem Spiegel
    1827, Kunsthalle Kiel..61
    Quelle:
    Il Romanticismo
    Ilaria Ciseri
    Electa, Barcelona, 2004, (S. 147)

9. Caspar David Friedrich,
    Ein Mann und eine Frau, die den Mond
    betrachten
    1830, Nationalgalerie, Berlin....................................63
    Quelle:
    Il Romanticismo
    Ilaria Ciseri
    Electa, Barcelona, 2004, (S. 232)

10. Thomas Cole,
    Die Kaskaden von Catskill,
    1826, Warner Collection, Tuscaloosa......................71
    Quelle:
    Il Romanticismo
    Ilaria Ciseri
    Electa, Barcelona, 2004, (S. 294)

11. Izanagi und Izanami,
    Ursprüngliche japanische Gottheiten.......................77
    Quelle:
    La Leyenda y el Cuento Populares Ramon D. Peres
    Ramon Sopena, Barcelona, 1959, (S. 59)

12. Joseph Turner,
    Der Transept der Abtei von Tintern
    1795, British Museum, London..................................79
    Quelle:
    Art Book
    Turner y Constable
    Electa Bolsillo, Barcelona, 2000, (S. 23)

www.ingramcontent.com/pod-product-compliance
Lightning Source LLC
Chambersburg PA
CBHW051710040426
42446CB00008B/814